1877 Mai 17

Vente du Jeudi 17 Mai 1877

HOTEL DROUOT, SALLE N° 5

DESSINS ET AQUARELLES

POUR

DÉCORS DE THÉATRES

PAR FEU CAMBON

COMMISSAIRE-PRISEUR
Mᵉ MAURICE DELESTRE,
27, rue Drouot.

EXPERT.
M. FÉRAL, PEINTRE,
54, rue du Faubourg-Montmartre

Paris — 1877

CATALOGUE

DE

DESSINS & AQUARELLES

MODÈLES ORIGINAUX

DES

DÉCORS DE THÉATRES

PAR

CAMBON

POUR

L'Opéra, la Comédie-Française, l'Opéra-Comique, le Lyrique, l'Odéon, la Porte-Saint-Martin, le Vaudeville, l'Ambigu, le Châtelet, la Gaité, le Cirque, les Bouffes-Parisiens, etc., etc.; et pour les principaux théâtres de province et de l'étranger.

DONT LA VENTE AURA LIEU

Par suite du décès de M. CAMBON

HOTEL DROUOT, SALLE N° 5

Le Jeudi 17 Mai 1877,

A DEUX HEURES.

Par le ministère de Me MAURICE DELESTRE, Commissaire-priseur, 27, rue Drouot,

Assisté de M. E. FÉRAL, Peintre-Expert, 54, rue du Faubourg-Montmartre,

Chez lesquels se trouve le présent Catalogue

EXPOSITION PUBLIQUE AVANT LA VENTE : le Jeudi 17 Mai 1877,

DE MIDI A DEUX HEURES

CONDITIONS DE LA VENTE

La vente se fait au comptant.

L'acquéreur payera *cinq pour cent* en sus des enchères applicables aux frais.

DÉSIGNATION

DÉCORS

POUR LE THÉATRE DE L'OPÉRA

1 — Projet d'Opéra.

Dessin à l'encre de Chine.

2 — Paysages et marines, pour *Robert le Diable.*

Six dessins crayon noir, estompe, rehaussés de blanc.

3 — Chapelles et paysages, pour *la Juive.*

Quatre dessins, sépia et estompe, rehaussés de blanc.

4 — Intérieurs de palais, pour *Hamlet*.

Quatre dessins, estompe et crayon noir.

5 — Intérieur d'église, porte monumentale, avec horloge ; auberge ; pour *Faust*.

Trois dessins, estompe et crayon noir, rehaussés de blanc.

6 — Tombeaux, statues équestres, et salons pour *Don Juan*.

Quatre dessins, estompe et crayon noir, rehaussés de blanc.

7 — Villas avec grands escaliers et terrasses, pour *la Muette*.

Trois dessins, estompe et crayon noir.

8 — Palais avec jardins, style moresque, pour *la Favorite*.

Deux dessins, estompe et crayon noir, rehaussés de blanc.

9 — Palais arabes (navire de guerre, un croquis par Morel Fatio), pour *l'Africaine*.

Quatre dessins, estompe et crayon noir, rehaussés de blanc.

10 — Salle d'armes, intérieurs de palais, scènes fantastiques et démolitions de palais, pour *le Roi de Thulé.*

Cinq dessins, estompe et crayon noir, rehaussés de blanc.

11 — Salle d'armes, pour le *Freychütz.*

Deux dessins, estompe et crayon noir.

12 — Villes et palais d'Assyrie, pour *Sémiramis.*

Sept dessins, estompe et crayon noir, rehaussés de blanc.

13 — Parc avec fontaine, grotte et palais, pour *Don Carlos.*

Trois dessins, estompe et crayon noir, rehaussés de blanc.

14 — Les Remparts d'Orléans; intérieur d'église, pour *Jeanne d'Arc.*

Trois dessins, estompe et crayon noir, rehaussés de blanc.

15 — Palais et paysage égyptiens, pour *Moïse.*

Six dessins, estompe et crayon noir, rehaussés de blanc.

16 — Palais avec colonnades et statues; destruction de la ville, pour *Herculanum.*

Cinq dessins à la plume, à l'estompe et au crayon noir, rehaussés de blanc.

17 — Intérieur de palais, pour *Roland.*

Quatre dessins, estompe et crayon noir, rehaussés de blanc.

18 — Port de mer; ville en amphithéâtre, pour *l'Étoile de Messine.*

Trois dessins, plume, crayon noir et estompe, rehaussés de blanc.

19 — Chapelle et auberge, pour *les Huguenots.*

Un dessin, estompe et crayon noir, rehaussé de blanc sur papier bleu.

20 — Lac et montagne, pour *Guillaume Tell.*

Un dessin, estompe et crayon noir, rehaussé de blanc sur papier bleu.

21 — Salle de bal, pour *Gustave III.*

Deux dessins, plume et sépia.

22 — Grottes et rochers, pour *Orpha.*

Deux dessins, plume et sépia.

23 — Monuments égyptiens, pour *l'Enfant prodigue.*

Un dessin, estompe.

24 — Un char, pour *Coppélia.*

Un dessin, plume et sépia, rehaussé de blanc.

25 — Palais gothique, pour *la Nonne sanglante.*

Deux dessins, estompe et crayon noir, rehaussés de blanc.

26 — Château fort, avec pont de bois et chapelle, pour *le Comte Ory.*

Deux dessins, estompe et crayon noir, rehaussés de blanc.

27 — Jardins et palais, pour *Armide.*

Dessins inédits, estompe rehaussée de blanc sur papier bleu.

28 — Intérieur de couvent, pour *Ver-Vert.*

Deux dessins, estompe rehaussée de blanc.

29 — Constructions en ruine, pour *la Reine de Saba.*

Deux dessins, estompe rehaussée de blanc.

30 — Palais, pour *la Reine de Chypre.*

Deux dessins, pastel et aquarelle.

31 — Intérieur de salon, maisons vénitiennes, pour *le Lido.*

Deux dessins, estompe et crayon noir, rehaussés de blanc.

32 — Portes monumentales, palais indiens, pour *le Dieu et la Bayadère.*

Deux dessins, estompe et crayon noir.

33 — Salles d'armes, pour *Robert Bruce.*

Aquarelles.

34 — Intérieur de palais, pour *le Cheval de bronze.*

Un dessin, estompe.

35 — Port de mer, pour *Fernand Cortès.*

Un dessin, mine de plomb.

36 — Intérieur rustique, pour *Esméralda.*

Un dessin, crayon noir et estompe.

37 — Palais avec grand escalier et terrasse, pour *les Vêpres siciliennes.*

Un dessin, estompe rehaussée de blanc.

38 — Un cirque, pour *les Martyrs.*

Un dessin, sépia.

39 — Oratoire, Entrée de village, pour *le Juif-errant.*

Deux dessins, estompe et fusain, rehaussés de blanc.

40 — Chapelle sur des rochers, pour *le Vaisseau-fantôme.*

Aquarelle et mine de plomb,

41 — Forteresse arabe, camp arabe, arcs de triomphe, salons de différents styles, église gothique, palais au bord de la mer, etc., etc.

Vingt-cinq dessins ou aquarelles pour différents opéras.

OPÉRA-COMIQUE

42 — Différents décors pour: *Robinson Crusoé, le Joaillier de Saint-James, le Devin du Village, les Saisons, la Dame de Pique, Galathée, la Bouquetière*, etc.

Huit dessins, estompe et crayon noir.

43 — Port de mer, un salon, pour *l'Etoile du Nord.*

Deux dessins, estompe et crayon noir.

44 — Terrasse avec palais, parc avec grands escaliers et fontaine, pour *le Roi l'a dit.*

Trois dessins, estompe sur papier teinté, rehaussés de blanc.

45 — Intérieurs d'église, pour *la Dame Blanche.*

Deux dessins, estompe sur papier teinté, rehaussés de blanc.

46 — Maison grecque et apothéose, pour *Psyché.*

Quatre dessins, plume et estompe.

47 — Palais arabes pour *la Fiancée du roi de Garbe.*

Six dessins, estompe et crayon noir, rehaussés de blanc.

48 — Palais arabes pour *Zémire et Azor.*

Trois dessins, estompe et crayon noir, rehaussés de blanc.

49 — Rideau de manœuvre, projet de rideau pour la reine d'Angleterre, plusieurs décors pour *les Amours du Diable.*

Huit dessins, estompe, mine de plomb, plume.

THÉATRE LYRIQUE

50 — Escalier monumental en ruine, palais et construction avec arche monumentale, pour *la Harpe d'or.*

Deux dessins, estompe et crayon noir.

51 — Monuments en ruines, arbres et rochers, port de mer, pour *les Troyens.*

Quatre dessins, estompe et crayon noir.

52 — Intérieurs de palais, pour *Cosi fan tute.*

Cinq dessins, estompe et crayon noir.

53 — Salles monumentales pour *la Statue.*

Quatre dessins, fusain et estompe.

54 — Paysages, intérieur rustique et intérieur d'église, pour *les Bleuets.*

Cinq dessins, estompe et crayon noir.

55 — Intérieur de cloître, palais en ruine, pour *Macbeth.*

Trois dessins, estompe, encre de Chine et crayon noir.

56 — Plantes et arbres au bord de l'eau, pour *les Ondines.*

Quatre dessins, estompe et crayon noir, rehaussés de blanc.

57 — Monuments en ruines et escaliers monumentaux, pour *le Rienzi.*

Quatre dessins, estompe et crayon noir.

58 — Temple devant lequel est la statue de l'Amour, pour le 4e acte *d'Orphée.*

Fusain.

59 — Sapins, rochers et effet de clair de lune, pour *le Freychütz*.

Estompe et crayon noir.

60 — Rochers et chapelle, pour *les Dragons de Villars*.

(Inédit.)

Estompe rehaussée de blanc.

61 — Palais dans un parc, effet de clair de lune, les tombeaux, pour *Roméo et Juliette*.

Quatre dessins, estompe et crayon, rehaussés de blanc.

62 — Intérieur de palais et vue de Venise, pour *la Reine Topaze*.

Deux dessins.

63 — Maison et Eglise gothique, la Kermesse, le Harz doré, l'Alchimiste, etc., pour *Faust*.

Huit dessins, estompe et crayon.

64 — Manoir gothique, pour *Euryanthe*.

Estompe et crayon.

65 — Rochers au bord de la mer, pour *Oberon*.

Fusain.

66 — Maisons vénitiennes, effet de clair de lune, pour *Don Juan*.

67 — Temples et palais avec colonnades, pour *Philémon et Baucis*.

Deux dessins, estompe et crayon noir.

68 — Maisons et église gothique, pour *le Médecin malgré lui*.

Aquarelle.

69 — Palais antique, pour *Iphigénie en Aulide*.

Estompe et crayon noir rehaussés de blanc.

70 — Intérieur d'un palais, pour *Si j'étais roi*. (Inédit).

Estompe et crayon noir.

THÉATRE-FRANÇAIS

71 — Cirques, pour le *Gladiateur*.

Dessin et aquarelle.

72 — Paysage et portes monumentales, pour *Dalila*.

Fusain.

73 — Palais, jardins et parc, pour *Marion Delorme.*

(Inédit).

Deux dessins, estompe et crayon noir, rehaussés de blanc sur papier teinté.

74 — Bains antiques.

Plume et encre de Chine, rehaussé de blanc.

75 — Salon somptueux, pour *Madame Desroche.*

Plume et encre de Chine, rehaussé de blanc.

76 — Intérieur d'un palais et porte flanquée de tourelles dans un bois, pour *Maurice de Saxe.*

Deux dessins, fusain, rehaussés de blanc.

77 — Véranda.

Estompe et crayon noir, rehaussé.

78 — Temple au centre d'un paysage.

Estompe et crayon noir.

79 — Intérieur d'un cabinet de travail et atelier de graveur, pour *les Ouvriers.*

(Inédit.)

Estompe et crayon noir.

80 — Vue prise dans une forêt, pour *Diogène.*

Estompe et crayon noir, rehaussé.

81 — Pavillon dans un paysage pour *la Fille du Régent.*

Estompe et crayon noir.

82 — Intérieur d'un temple, pour *Hernani.*

Mine de plomb.

83 — Salons, palais égyptien, cirque, monument et fontaines.

Huit dessins pour différentes pièces du même théâtre.

THEATRE DE L'ODÉON

84 — Grand salon décoré de statues, pour *Ruy Blas.*

Estompe et crayon noir sur papier gris.

THÉATRE DE LA PORTE-ST-MARTIN

85 — Le Palais des Tuileries, la Salle des Maréchaux, le Jardin et le Palais du Luxembourg.

Maisons du vieux Paris, la Sainte-Chapelle, la Salle des Pas-Perdus, etc.

Huit dessins, estompe et crayon noir, rehaussés de blanc.

86 — Fontaine et rochers, le temple de Jupiter, le Forum, etc.

Six dessins, mine de plomb, estompe et crayon noir, rehaussés de blanc.

87 — Le Temple de Jupiter, pour *les Sept Merveilles du monde.*

Deux dessins, estompe et crayon noir, rehaussés de blanc.

88 — Fontaines et terrasses, pour *le Pied de Mouton.*

Deux dessins, estompe et crayon noir, rehaussés de blanc.

89 — Paysages, monuments antiques, Vues de Rome, pour *la Revue de* 1867.

Quatre dessins, estompe et crayon noir, rehaussés de blanc.

90 — Sujets religieux, Parc avec escaliers, fontaines et statues, pour *la Grâce de Dieu.*

Quatre dessins, estompe, rehaussés de blanc.

91 — Ville d'Orient, intérieurs de palais, pour *Faust.*

Trois dessins, mine de plomb et estompe, rehaussés de blanc.

92 — Chambre à coucher gothique, pour *la Tour de Nesle.*

Estompe et crayon noir.

93 — Porte et cour d'un château, Pont Notre-Dame, Tribunal révolutionnaire, pour *le Chevalier de Maison-Rouge.*

Quatre dessins, estompe et crayon noir, rehaussés de blanc.

94 — La Tamise, pour *les Chevaliers du Brouillard.*

Estompe et crayon noir.

95 — Intérieur d'église, pour *la Dame de Monsoreau.*

Estompe et crayon noir.

96 — L'Hôtel de ville, une procession, pour *Patrie.*

Deux dessins, estompe et encre de Chine, rehaussés de blanc.

THÉATRE DU VAUDEVILLE

97 — Intérieur rustique, pour *l'Arlésienne.*

Trois dessins, estompe et crayon noir.

THÉATRE DE L'AMBIGU

98 — Rideaux d'avant-scènes et différents décors.

Huit dessins, estompe et crayon noir.

THÉATRE DU CHATELET

99 — Foyer, projet de rideau d'avant-scène.

Deux dessins et une aquarelle.

100 — Palais, paysages, forteresse, maisons chinoises, pour *la Prise de Pékin.*

Neuf dessins, estompe et crayon noir.

101 — Palais indiens, jardins, etc., pour *Aladin.*

Cinq dessins, estompe et crayon noir, rehaussés de blanc.

THÉATRE DE LA GAITÉ

102 — Palais fantastiques, pour *la Chatte blanche.*

Quatre dessins, estompe et crayon noir, rehaussés de blanc, et aquarelles.

103 — Apothéose de l'harmonie comique, harmonie céleste, féerie, etc., pour *la Poule aux œufs d'or.*

Six dessins.

104 — Paysages, église, palais, salle d'armes, etc., pour *le Roi Carotte.*

Huit dessins, estompe et crayon noir.

105 — Église et maisons gothiques, pour *Jeanne d'Arc.*

Trois dessins, estompe et crayon noir.

106 — Ville et palais vénitiens, pour *le Masque de poix.*

Deux dessins, estompe et crayon noir.

197 — Trône et palais fantastique, pour *Salomon.*

Deux aquarelles.

108 — Quatre dessins pour : *Orphée aux enfers*, *Geneviève de Brabant*, *Jean Bart*, etc.

THÉATRE DU CIRQUE

109 — Monuments égyptiens, pour *Aladin*.

Cinq dessins, estompe et crayon noir, rehaussés de blanc.

110 — Le mont Saint-Bernard.

Crayon noir rehaussé de blanc sur papier teinté.

111 — Porte monumentale, pour *la Chatte blanche*.

Estompe et crayon noir.

112 — Apothéose, pour *Jeanne d'Arc*.

Estompe et crayon noir.

113 — Marines et navires de guerre, pour *le Vengeur*.

Quatre dessins, mine de plomb et crayon noir.

114 — Environ quarante dessins, paysages, fontaines, monuments égyptiens, grottes, pour divers théâtres.

115 — Apothéose, les gibets, le boudoir de Satan, l'île de l'harmonie, fontaines, palais, etc., pour *la Poule aux œufs d'or*.

Dix-neuf dessins, estompe et crayon noir.

116 — Maisons espagnoles, pour *le Siége de Saragosse*.

Estompe et crayon noir.

THÉATRE DES BOUFFES-PARISIENS

117 — Projet de rideau.

Dessin à la mine de plomb.

118 — Chambre gothique, palais, gare de chemin de fer, pour *Geneviève de Brabant*.

Trois dessins, estompe et crayon noir.

119 — Temple et jardin, pour *Orphée aux Enfers*.

Un dessin, crayon noir et estompe.

120 — Maisons et palais vénitiens, pour *le Pont des Soupirs*.

Deux dessins, estompe et crayon noir.

THÉATRE DES FOLIES-NOUVELLES

121 — Palais oriental, pour *Alli-Allah.*

Un dessin, estompe et crayon noir.

THÉATRES DE PROVINCE ET DE L'ÉTRANGER

122 — Rideau d'avant-scène pour le théâtre de Bade.

Estompe et crayon noir.

123 — Rideau du théâtre du château de Chimay.

Estompe et crayon noir, rehaussé de blanc.

124 — Rideau du théâtre de Toulouse.

Estompe et crayon noir.

125 — Rideau d'avant-scène de Beaune.

Estompe et crayon noir, rehaussé de blanc.

126 — Projet de rideau d'avant-scène pour Saint-Pétersbourg.

Estompe et crayon noir, rehaussé de blanc.

127 — 86 dessins : intérieurs, jardins avec fontaines, grands escaliers, vues de villes, rochers, paysages, marines, etc., etc.

128 — Salles de spectacle, modèles pour plafonds, foyers, loges d'avant-scène, ornements.

Environ trente dessins ou aquarelles.

129 — Modèles pour rideaux de théâtre.

Neuf dessins ou aquarelles.

130 — Fumoir de M. Carvalho.

131 — Quarante dessins divers : projets d'opéras et décors pour différents opéras.

PARIS ET FÊTES DONNÉES A PARIS

132 — Fontaines, arcs de triomphe, figures mythologiques, dessins décoratifs de l'exposition de 1867, ornements pour le palais du Corps-Législatif, statue équestre, etc., etc.

Quarante-quatre dessins.

133 — Vues de Paris : place de la Concorde, Saint-Eustache, Saint-Sulpice, jubé de Saint-Étienne du Mont, portail de l'hôtel de Gabrielle d'Estrées.

Cinq dessins, mine de plomb et estompe.

PALAIS DE VERSAILLES

134 — Théâtre, vestibule proprement dit de la salle de spectacle, vestibule du foyer, plafond du vestibule du foyer, salon de la Paix.

Cinq dessins, mine de plomb et estompe.

135 — 95 Décorations de différents styles.

Parcs avec colonnades, palais égyptiens, habitations grecques, pont monumental, paysages, monuments antiques, etc, etc.

136 — 250 Croquis, calques et décorations.

Salons, plafonds, fontaines, balcons, vues de Paris, salles de spectacles, etc.

137 — 259 Dessins, croquis, calques et études de paysages, marines, etc., parmi lesquels :

Vue du port de Brest, vue des fours à plâtre à Montmartre, maisons normandes ; vues de Lyon et des environs; auberge de Francheville; églises gothiques; vues de Tivoli aux environs de Rome; hautes constructions au bord de la mer; vue de Saint-Maclou à Rouen; vue du parc de Saint-Cloud; chars, chaises à porteurs, dessus de canapé du temps de Louis XVI, etc.

138 — 258 Dessins, croquis, calques et études.

Parmi lesquels des cheminées monumentales, des mascarons, des rosaces, des études de paysages avec constructions moyen âge au sommet des rochers; figures d'amours, personnages avec costumes religieux, chapelles gothiques, etc., etc.

139 — 198 Etudes, croquis et calques.

Parmi lesquels des figures, des paysages, intérieurs et extérieurs d'églises gothiques, ports de mer, etc., etc.

140 — 80 Décorations.

Palais, jardins avec grands escaliers ornés de statues, fontaines monumentales, paysages avec temples, etc.

141 — 73 Décorations.

Cabinet de travail, parc avec rivière et pont, porte monumentale, palais égyptien, palais avec riches colonnades, rochers, paysage avec moulin, vue du palais des doges à Venise.

142 — Projet de panneau pour le château de Boursault.

Estompe rehaussée de blanc sur papier teinté.

143 — Paysages, salons, mansarde, grottes, etc.

Quatorze dessins ou aquarelles,

144 — Modèles de canapés, causeuses et lit à baldaquin, attribués à Delafosse.

Plume et aquarelle.

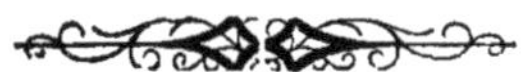

www.ingramcontent.com/pod-product-compliance
Ingram Content Group UK Ltd.
Pitfield, Milton Keynes, MK11 3LW, UK
UKHW022145260726
13993UKWH00005B/2164

9 782329 507897